Made in the USA
Las Vegas, NV
29 October 2020

10409913R00057